Um Nabo no meu Quintal

Todolivro

UM HOMEM, SUA ESPOSA, SEU FILHO,
SUA FILHA E UM CACHORRO
VIVIAM PERTO DE UMA FAZENDA.

CERTO DIA, O HOMEM **PLANTOU UM NABO NO QUINTAL.** COM O PASSAR DOS DIAS, O LEGUME SE DESENVOLVEU BEM NO SUBSOLO E, LOGO, A HASTE ROXA COMEÇOU A APARECER.

Logo, chegou o dia que o homem **decidiu colhê-lo.**
– Eu vou arrancar o nabo do solo. Faça uma **torta** dele para assar hoje – disse o marido.

Então, ele começou a puxar a haste, **porém o nabo não se movia**. Tentou puxá-lo com mais vontade, mas a verdura ficava fixa no solo. Sendo assim, decidiu chamar sua esposa para **ajudar**.

PUXARAM O NABO JUNTOS, MAS ELE NÃO SE MOVIA. O CACHORRO VIU ISSO E DISSE:

– POSSO AJUDAR VOCÊS A PUXAR, SE PROMETEREM ME DAR UM POUCO DE TORTA.

ELES **RIRAM** DO CACHORRO E DISSERAM:
– **OBRIGADO,** AMIGUINHO!
ACHAMOS QUE VOCÊ É PEQUENO DEMAIS PARA AJUDAR.

ENTÃO, A MULHER **CHAMOU** SEUS DOIS FILHOS. ELES FIZERAM UMA FILA E, JUNTOS, COMEÇARAM A **PUXAR** O NABO. AINDA ASSIM, ELE **NÃO SE MOVIA.**

O HOMEM CHAMOU SEU **VIZINHO** PARA AJUDÁ-LO. NOVAMENTE, OS CINCO FORMARAM UMA FILA E COMEÇARAM A **PUXAR O NABO**, MAS O TEIMOSO NÃO SE MOVIA.

O VIZINHO, ENTÃO, SINALIZOU PARA O CACHORRO, A FIM DE OBTER MAIS AJUDA.

O **ANIMAL** FOI ATÉ A CASA DO VIZINHO E COMEÇOU A **LATIR**. LOGO, A ESPOSA E OS FILHOS DO VIZINHO TAMBÉM SE JUNTARAM À FILA E COMEÇARAM A PUXAR COM TODA A FORÇA, MAS O NABO AINDA NÃO SE MOVIA.

TODOS ESTAVAM CANSADOS E SUANDO.

Enquanto isso, o cachorro estava assoviando e observando todos puxarem.

– NÃO FIQUE AÍ PARADO NOS ENCARANDO – DISSE O HOMEM AO SEU CÃO.

– JUNTE-SE À FILA E PUXE – ORDENOU O TUTOR. O BICHO PULOU DE ALEGRIA E SE JUNTOU AOS DEMAIS. MAIS UMA VEZ, TODOS PUXARAM COM MUITA FORÇA. LOGO, UM NABO GIGANTESCO SAIU DO SOLO.

O HOMEM AGRADECEU A TODOS PELA COOPERAÇÃO.